La Voix de Dieu

DANS LA CRÉATION

DISCOURS

Prononcé à la Distribution des Prix

Le 23 Juillet 1894

PAR LE R. P. LIGONNET

Prieur de l'École Saint-Elme.

ARCACHON

PARIS, J. MERSCH, IMPRIMEUR, 4bis, AVENUE DE CHATILLON

1894

La Voix de Dieu dans la Création

DISCOURS PRONONCÉ A LA DISTRIBUTION DES PRIX

LE 23 JUILLET 1894

La Voix de Dieu

DANS LA CRÉATION

DISCOURS

Prononcé à la Distribution des Prix

Le 23 Juillet 1894

PAR LE R. P. LIGONNET

Prieur de l'École Saint-Elme.

ARCACHON

PARIS, J. MERSCH, IMPRIMEUR, 4bis, AVENUE DE CHATILLON

—

1894

Messieurs,

Si la génération qui a précédé la nôtre, revenait en ce monde, elle serait bien étonnée. La science a fait des découvertes qui tiennent vraiment du prodige. L'homme, la terre, le ciel, toute la création est sondée jusque dans ses plus mystérieuses profondeurs. On ne sait où s'arrêteront les expériences combinées et invraisemblables de la physiologie et de la psychologie. La nature laisse surprendre ses secrets les uns après les autres, et les lois qui régissent l'univers, sont enseignées aussi couramment que celles qui gouvernent les peuples. Au ciel, les astres mesurés, pesés comme de simples colis; sur la terre, la foudre apprivoisée et docile sous la main de l'électricien, comme une colombe sous la main du charmeur. Et quelle messagère, que cette colombe de feu! Il vous plaît d'envoyer le bonjour à un ami qui est à deux cents lieues de là? de causer avec lui, d'entendre le son aimé de sa voix? Vous n'avez qu'à presser un bouton, et c'est fait. Vous qui êtes jeunes, enfants, vous verrez des choses plus étonnantes encore. Le moment viendra, c'est sûr, où vous voyagerez dans les plaines bleues du firmament, en compagnie des oiseaux, avec autant de facilité que nous pouvons le faire aujourd'hui sur nos belles routes de France.

En attendant que la direction des ballons soit définitivement trouvée, je voudrais attirer votre attention sur une science d'un autre genre : science bien négligée par les savants du jour, hélas! mais qui, dans sa simplicité, est supérieure à toutes les découvertes anciennes et modernes. Sans elle, les plus grands progrès sont frappés de stérilité et ne servent qu'à exciter les appétits, sans même pouvoir les satisfaire. Il ne s'agit plus de recherches laborieuses, de calculs approfondis; cette science est à la portée de tous les esprits. Même, il arrive que, mieux que les savants, les simples y excellent. Elle est à la portée de tous les âges aussi, par conséquent du vôtre, chers enfants. Notre ardent désir serait, non seulement de vous la faire connaître d'une manière spéculative, mais de la faire passer dans la pratique de votre vie, de façon à ce qu'elle devint la compagne de votre pèlerinage ici-bas, votre appui aux heures de défaillance, votre consolation dans l'épreuve, votre espérance toujours souriante, à l'horizon de l'avenir. Qu'est-elle donc, cette science importante entre toutes, sans laquelle les autres restent vaines et incapables de concourir au bonheur de l'humanité?

Ici encore, c'est une découverte qu'il s'agit de faire, une langue vivante, si vous voulez, qu'il faut apprendre; bref, la science dont nous allons nous entretenir ensemble consiste, non à connaître les lois des choses créées, mais simplement à en comprendre le secret langage.

Car toute chose a son langage, dans cet univers au sein duquel nous nous mouvons, humbles atomes et pourtant rois. La voûte du ciel a son langage splendide; les flots de la mer ont leur langage tour à tour terrible et doux; la terre et ses trésors ont leurs accents aussi éloquents que variés. Voix innombrables de la création, que dites-vous donc, dans vos monologues sublimes? Ou plutôt, de quelle autre voix pleine de mystère et de puissance vous faites-vous les échos? — « De la grande voix de Dieu! » telle est la réponse de toutes les créatures réunies. Oui, c'est Dieu même qui nous parle dans ses œuvres, et sa voix fut entendue dans tous les temps, depuis le poète royal qui disait déjà, il y a trente siècles : « les cieux racontent la gloire de Dieu », jusqu'à ceux qui, de nos jours, savent puiser leurs inspirations à la véritable source. Il en est un dont j'ignore le nom, mais que je cite quand même parce qu'il semble résumer notre sujet dans la jolie strophe suivante :

La voix de Dieu, c'est toute la nature;
C'est le soleil au fond de l'horizon;
C'est le printemps à la verte parure,
C'est le fruit mur qu'apporte la saison.
La voix de Dieu, c'est la mer en furie,
C'est l'ouragan, c'est le ciel en courroux;
C'est quelquefois un bel enfant qui prie
Quand il s'endort sur vos genoux!

Pour les esprits qui ont le goût des choses élevées, c'est une étude intéressante que de rechercher comment la nature parle de Dieu à l'homme et comment l'homme entend la nature lui parlant de Dieu. Qu'y a-t-il de particulier dans la création, et qu'y a-t-il de particulier dans l'âme humaine, qui fait qu'elles se comprennent si bien, l'une l'autre, quand il s'agit de leur commun Créateur? Je vais essayer de vous le dire; écoutez-bien : c'est presque de la philosophie!

Dieu, qui est le principe de toutes choses, possède, entre autres perfections, la beauté. Il est lui-même la Beauté souveraine, et toutes nos beautés d'ici-bas en découlent, comme les rivières de leur source. S'arrêter aux formes visibles du beau, sans songer à la main invisible qui leur donne leur harmonie et leur charme, c'est se montrer exclusivement tributaire des sens. La vérité est qu'il n'y a pas de beauté en dehors de la Beauté suprême, et que tout ce qui est beau, dans l'ordre créé, vient de Dieu. Or, quand il créa l'univers, il y mit naturellement son empreinte divine. Comme un grand artiste qui signe ses œuvres, l'Artiste suprême signa la sienne, en y apposant le sceau de sa Beauté. A ce point de vue, on peut dire que tout est beau, dans la création, telle qu'elle est sortie des mains de son Auteur, et qu'en réalité, il n'y a de laid, au monde, qu'une seule chose : le péché.

D'autre part, nous savons que Dieu a fait l'homme à son image et à sa ressemblance. S'il lui a plu de faire rayonner sa beauté sur les créatures non douées de raison, que n'a-t-il pas dû faire pour celle qui, après les anges, tient le premier rang dans la hiérarchie des êtres? Non seulement il a donné la beauté sensible à la créature humaine comme aux autres, plus qu'à toutes les autres, mais, de plus, il a bien voulu nous douer d'une faculté merveilleuse, qui nous permet de reconnaître le rayon divin partout où il brille. Ce don précieux, c'est ce que les anciens appelaient si bien : l'Idée du beau, et que nous nommons aujourd'hui : l'Idéal.

L'Idéal! voilà un mot dont on use et abuse à plaisir, dans le langage courant, sans même en soupçonner la haute signification. L'Idéal, c'est Dieu entrevu ; c'est un coin du ciel deviné à travers le voile qui le dérobe à nos regards. Pour mieux dire, ce sont les traits divins reconnus dans l'âme humaine, ce portrait merveilleux où il a plu au Créateur de se reproduire lui-même, de sa propre main.

Or, quand l'hôte divin, l'Idéal, qui est en nous, se trouve en présence de la beauté sensible, qui est dans la nature, il tressaille comme à la rencontre subite d'un être aimé ; ou plutôt, c'est la Beauté qui s'est vue et reconnue elle-même, dans le grand miroir de la création !

Ainsi sommes-nous mis en communication avec la nature, pour nous entretenir de Dieu. La nature nous montre la beauté qu'elle tient de son Créateur, et nous admirons cette beauté au moyen de l'Idéal, qui nous vient de la même source divine. C'est donc l'Idéal qui nous fait comprendre le mystérieux langage des choses ; c'est grâce à cet intermédiaire béni que nous pouvons, en tout et partout, entendre la grande voix de Dieu !

Ces relations supérieures de l'homme avec les êtres, même inanimés, de la création, personne ne les a comprises et pratiquées comme les Saints. Voyez Rose de Lima, par exemple. Cette aimable sœur des fils de saint

Dominique s'était construit, au fond du jardin paternel, un petit oratoire rustique où elle venait, chaque jour, faire ses exercices de piété. En traversant les allées pour s'y rendre, elle avait coutume d'inviter gracieusement les plantes et les fleurs du jardin à louer leur Créateur; aussitôt, les plantes et les fleurs, dociles à sa voix, s'inclinaient jusqu'à terre, comme en un mouvement d'adoration. Arrivée à son ermitage, la jeune solitaire entonnait un cantique; et voilà que, du bois voisin, accourait à tire-d'aile un oiseau familier qui se posait sur une branche, bien en face d'elle, et lui donnait consciencieusement la réplique. Chaque chanteur disait son couplet. Quand Rose avait fini, l'oiseau commençait; et ainsi de suite, jusqu'à ce que la Sainte eut donné congé au musicien ailé, en lui disant : « à demain! »

Et saint François d'Assise! qui ne connaît le récit naïf et si attachant de ses rapports avec les bandes de volatiles qu'il évangélisait le long des grands chemins, et qui l'écoutaient avec tant de recueillement et de plaisir? Ou bien encore, avec ces hirondelles babillardes qu'il priait poliment de faire moins de bruit, un jour qu'il parlait à la foule en plein air, et qui interrompaient aussitôt leurs gazouillements pour ne pas couvrir la voix du prédicateur! La plus étonnante de ces histoires est, sans contredit, celle du loup de Gubbio. Elle n'intéressera pas seulement les tout petits; elle montrera aux plus grands la puissance que Dieu accorde parfois aux hommes qui savent reconnaître et adorer sa main créatrice dans les êtres les moins faits pour nous toucher.

Donc, on raconte qu'au temps où le Saint habitait la cité de Gubbio, un loup monstrueux et féroce apparut tout à coup dans la campagne environnante, dévorant tout ce qui lui tombait sous la dent, les gens aussi bien que les bêtes. Pris de compassion, François résolut de délivrer le pays de cet hôte incommode. Malgré le conseil des habitants, il s'avance donc au-devant du loup. Le loup étonné, la gueule ouverte, va s'élancer sur cette proie qui se livre elle-même : « Viens ici, frère loup », lui dit l'homme de Dieu, en lui faisant le signe de la croix ; « je te commande de la part du Christ, de ne faire du mal à personne, ni à moi, ni à qui que ce soit. » O prodige ! l'animal terrible se calme comme par enchantement, ferme la gueule et s'en vient, doux comme un agneau, se coucher aux pieds du Saint. On ajoute que le nouveau converti vécut encore deux ans dans la ville, allant de porte en porte, demander sa nourriture, toujours bien accueilli des habitants, à qui il rappelait celui qui les avait sauvés.

Une telle autorité sur les êtres inférieurs de la création suppose des vertus extraordinaires et une grâce exceptionnelle, auxquelles tout le monde ne peut pas aspirer. Mais sans commander en maître à la nature, chacun a la faculté de s'entretenir de Dieu avec elle, de la consulter sur la puissance et la beauté souveraines, et au besoin, d'invoquer son témoignage en s'écriant avec nos bons classiques d'autrefois :

Oui, c'est un Dieu caché que le Dieu qu'il faut croire ;
Mais tout caché qu'il est, pour révéler sa gloire,
Quels témoins éclatants devant moi rassemblés !
Répondez, cieux et mers ; et vous, terre, parlez !

Evidemment, Louis Racine possédait la science qui nous occupe. Il savait écouter la nature et en comprenait le langage profond. C'est le secret de la foi simple et éclairée ; de cette foi qui fait que, pour le croyant, la terre est déjà le ciel. Qu'est-ce, en effet, que le ciel, sinon Dieu vu face à face ? et qu'est-ce que le bonheur, si ce n'est l'amour, c'est-à-dire la suprême Beauté possédée sans partage ? Or, en contemplant les œuvres divines, n'est-ce pas déjà Dieu que nous entrevoyons ? et en jouissant de cette vue enchanteresse, n'est-ce pas déjà du bonheur pour notre cœur, avide de beauté parce qu'il est avide d'amour ?

Ravir la foi aux âmes est donc le plus grand des forfaits, et les malheureux qui s'emploient à cette criminelle besogne doivent être tenus pour les pires ennemis de l'humanité.

Tout se tient, dans l'ordre moral. Le vent d'incrédulité qu'une certaine philosophie a déchaîné sur la société moderne, n'a pas seulement ébranlé les anciennes croyances. Les doctrines impies ont donné leurs fruits, et l'on commence à s'apercevoir qu'on ne s'en prend pas impunément au Maître jaloux de son autorité et que, se passer de Dieu, n'est déjà pas chose si facile. Tous les maux dont nous souffrons; tous les désordres que nous voyons se produire, dans le domaine des faits comme dans celui des idées; ces attentats inconnus jusqu'à nos jours; cette désorientation des consciences, qui ne savent plus distinguer entre le mal et le bien, entre le vice et la vertu : tout cela, dis-je, vient de la même source empoisonnée. Que cette source s'appelle rationalisme, matérialisme ou évolutionisme, c'est toujours la mort qu'elle verse dans les âmes; et parmi les victimes qu'elle y a faites, se trouve, hélas! le divin Idéal, dont elle a brisé les ailes. Dieu et sa beauté supprimés, que reste-t-il dans notre univers réduit à ses étroites limites et à ses froids horizons, sans échappées sur l'Au delà? Il reste une nature muette, morne, brutale en ses procédés; la terre n'est plus qu'une arène où le faible est sûr d'avance d'être écrasé par le plus fort; le surnaturel, le vrai, le bien, le beau, ces saintes choses qui font le charme consolateur de cette vie en attendant qu'elles fassent la félicité de l'autre : autant d'illusions décevantes qui ne servent qu'à ajouter une souffrance de plus aux douleurs humaines, en y ajoutant la déception. Ni du côté du ciel, ni du côté de la terre, plus une parole réconfortante, plus un sourire, plus une espérance pour les pauvres âmes dévastées... Tel est le résultat final des doctrines qui, flattant l'orgueil et les mauvaises passions, ont pu s'accréditer parmi nous, avec la prétention de nous rendre plus heureux!

Vous en jugerez bientôt par vous-mêmes, chers amis. Dès qu'au sortir de cette École, vous aurez pris, dans la société, la place que la Providence vous y destine, vous serez frappés de l'universel désarroi qui règne dans les esprits. On ne s'entend plus sur aucune question. C'est la tour de Babel. Non seulement les philosophes, mais les littérateurs, les peintres, les musiciens, tous ces prophètes de l'idée ou de l'art ressemblent à des voyageurs perdus dans la nuit et qui cherchent vainement leur chemin. D'où vient cette confusion étrange? Du souffle mauvais dont nous parlions tout à l'heure et qui a éteint dans les âmes la pure flamme de l'Idéal. Aveugles, ils ne voient plus, dans les choses créées, le rayonnement de la Beauté incréée. Pour eux, l'art ne saurait consister à reproduire le trait divin : ils n'en soupçonnent même pas l'existence. Ils reproduisent ce qu'ils voient, non avec les yeux de l'esprit, mais uniquement avec les yeux du corps. Si seulement, ils se bornaient à nous donner des œuvres médiocres, ou à manquer d'inspiration! Mais ne pouvant parler à l'âme, dont ils ignorent le langage, ils s'adressent naturellement aux sens. Faute du beau idéal, ils consacrent un talent souvent réel à parer la volupté de toutes les séductions; de là, ces productions inouïes qui choquent toujours le goût parce qu'elles choquent la morale, et qui, depuis l'image jusqu'au livre, constituent, en faveur de la corruption, la plus dangereuse des propagandes.

Jugeant l'arbre à ses fruits, vous ne vous laisserez pas séduire par le côté spécieux de toutes ces théories fin de siècle, qui n'ont rien de commun avec l'art véritable. L'art est essentiellement moral et religieux, ayant pour objet le principe même de la morale et de la religion; et celui qui se sent appelé du ciel à traduire, sous une forme figurée, écrite, parlée ou chantée, le divin langage des choses, ne doit jamais oublier qu'il exerce un sacerdoce; que sa mission est de diriger les âmes vers l'Infini, à la suite de l'Idéal chargé par Dieu de dévoiler à nos regards, pour nous la faire adorer, sa Beauté incomparable.

Certes, notre intention n'est pas de faire de vous

tous, autant d'artistes ou de poètes de profession; mais par ce temps de naturalisme, il nous a semblé à propos, et non inutile à votre formation, de vous indiquer la source unique du beau et de vous donner la vraie formule de l'art. En esthétique, comme en philosophie, il importe que vous soyez des spiritualistes convaincus et inébranlables. De toutes les écoles qui se disputent l'empire de la pensée et de l'inspiration, vous n'en reconnaîtrez qu'une : celle qui fait, de nos beautés visibles, autant de rayonnements de la Beauté idéale, qui est l'éternelle Beauté de Dieu. C'est à cette lumière que vous saurez lire la nature comme elle doit être lue : comme un grand et magnifique livre ouvert, dont chaque page est un hymne au Créateur.

D'ailleurs, sans être des spécialistes, ne faut-il pas que vous sachiez reconnaître le Beau là où il se trouve? Quand vous ouvrez un livre nouveau, ou que vous vous trouvez en face d'une toile ou d'un marbre, n'est-il pas important que vous ayez à votre disposition la pierre de touche qui ne trompe pas : l'Idée de la Beauté suprême? Gardez-la bien, cette pierre de touche précieuse. Plus encore qu'à juger les œuvres des hommes, elle vous servira à apprécier les œuvres de Dieu, à voir le Créateur dans la créature, à comprendre l'universel langage des choses vous parlant du Père qui est aux cieux, de sa puissance, de sa bonté, de sa Beauté inénarrable, qui fait le tourment du génie ici-bas, et qui fera là-haut notre éternel ravissement.

⁂

Ainsi donc, plus heureux que ceux qui ont des yeux et ne voient pas, des oreilles et n'entendent pas, vous traverserez ce monde comme un pays enchanté où, de toutes parts, vous arriveront des voix amies : les mille voix de la création. Et ces voix, qu'elles soient gracieuses comme celle du printemps, avec ses fleurs et son ciel bleu ; imposantes comme celle des grands monts, des grandes eaux, des grands orages ; que, tour à tour caressantes et terribles, elles vous charment ou vous terrifient, vous ne vous y tromperez pas : toujours, en elles, vous reconnaîtrez la voix de Dieu !

Il existe une petite fleur qui a un nom, et même deux noms charmants ; elle s'appelle : « aimez-moi » ; ou bien encore : « ne m'oubliez pas ». Il me semble qu'on pourrait comparer l'univers à un immense myosotis qui nous dit, de la part du divin Jardinier : « Aimez-moi ; ne m'oubliez pas... »

Au lieu donc des admirations banales et stériles auxquelles on se borne ordinairement en face de la nature, d'un lever ou d'un coucher de soleil, d'un ciel plein d'étoiles, du vent qui chante ou pleure dans la nuit ; au lieu de se contenter de jouir de ces spectacles, si innoçemment que ce soit, le croyant, et je dirai, le vrai artiste éprouve un sentiment plus élevé et plus fécond. L'Idéal, réveillé en lui par cette apparition de la beauté sensible, est d'abord ravi; mais bientôt, trouvant la vision insuffisante parce qu'elle est limitée, il se sent envahi de cette mélancolie particulière qui accompagne toutes nos pauvres joies d'ici-bas; et triste à la façon d'un ange exilé qui aurait la nostalgie du ciel, il ouvre ses ailes puis monte, monte, jusqu'à ce qu'il arrive, à travers l'azur et par-delà les étoiles, à cette région de pure et sereine lumière qu'habite l'éternelle Beauté. Et là, tombant à genoux : « Mon Dieu, dit-il, vous êtes grand, vous êtes bon, vous êtes beau! Je vous adore et je vous bénis! Je vous bénis de me faire entrevoir, dès l'exil, les merveilles de la Patrie. Si les beautés de la terre ont déjà sur moi un tel empire; s'il suffit d'un seul rayon de vos splendeurs pour me faire vibrer comme les harpes d'or de vos archanges, que sera-ce donc au ciel, ô mon Dieu! »

Voilà, chers enfants, comment l'admiration se transforme en acte d'amour; voilà ce que nous aimerions à vous voir pratiquer dès votre jeune âge, dans vos promenades sur terre et sur mer, devant les moindres beautés de la nature : un papillon qui passe, ou une mouette rasant les flots; un brin d'herbe qui pousse, ou l'humble fleurette perdue dans la mousse de nos forêts.

Ce n'est pas ici le lieu de vous exposer l'état d'âme

dans lequel il est nécessaire de se trouver pour jouir ainsi de la présence divine dans chaque merveille de la nature, comme on jouit de la présence d'un ami que l'on ne voit pas de ses yeux, mais que l'on sent là, caché, tout près de nous. Qu'il nous suffise de rappeler, en passant une parole qui renferme toute la lumière désirable. Dans ses Béatitudes, Notre-Seigneur a dit : « Bienheureux les cœurs purs, parce qu'ils verront Dieu. » Telle est la condition posée par le divin Législateur pour voir Dieu, pour entendre sa voix adorable, et jouir ainsi, par avance, des enivrements que procure aux anges et aux Saints la vue de sa souveraine Beauté.

❖❖❖

Il y aura bientôt cinq cents ans, une jeune fille gardait les troupeaux dans les champs de Domrémy, son pays natal. Simple et pieuse, elle passait ses heures de solitude précisément à bénir le Dieu qui avait créé ces prairies et ces bois au sein desquels s'écoulait sa paisible existence. Un jour qu'elle méditait ainsi, des voix venant d'en haut frappent tout à coup ses oreilles : « Va, disaient ces voix, va délivrer ta patrie du joug étranger ! » — D'abord troublée, puis docile aux ordres du Ciel, Jehanne échange sa houlette de bergère contre l'épée de chevalier, parvient à faire reconnaître sa mission céleste, et sauve miraculeusement son pays.

Comme la vierge lorraine, vous aurez aussi vos « Voix », jeunes gens ; et ces voix, que nous avons essayé de vous faire connaître et comprendre, vous diront : « Va délivrer ton pays d'une servitude mille fois plus lourde que celle qui pesa sur lui au XVe siècle. Alors, l'étranger n'asservissait que les corps et ne s'emparait que des biens matériels ; aujourd'hui, l'ennemi asservit les âmes et les dépouille du trésor de la foi et des éternelles espérances. Sus à l'esprit de négation, qui veut envahir le sol de la patrie ! » — Et dociles, comme Jehanne, aux voix qui vous parleront de Dieu, de l'âme immortelle, d'une autre vie plus heureuse, vous saisirez d'une main vaillante votre épée de combat : les uns, la plume ; les autres, la parole ; tous, l'exemple ; et sous le même étendard du Christ qui, seul, donne la victoire, vous marcherez contre l'envahisseur et le bouterez hors du noble et beau pays de France ! Et vous serez bénis, comme est bénie à l'heure présente, celle qui sera demain, sur les autels, notre protectrice nationale, la glorieuse, la très aimable et la très aimée *Sainte de la patrie !*

www.ingramcontent.com/pod-product-compliance
Lightning Source LLC
LaVergne TN
LVHW052031160826
845678LV00003B/1286

* 9 7 8 2 3 2 9 6 3 6 4 5 0 *